朱子文化意象丛书

朱子家训

〔宋〕朱熹 著

顾志珊 绘

方彦寿 注解

海峡出版发行集团
THE STRAITS PUBLISHING & DISTRIBUTING GROUP
福建教育出版社

图书在版编目（CIP）数据

朱子家训/（宋）朱熹著；顾志珊绘；方彦寿注解.
－福州：福建教育出版社，2017.8（2023.7 重印）
（朱子文化意象丛书）
ISBN 978-7-5334-7833-9

Ⅰ.①朱… Ⅱ.①朱…②顾…③方… Ⅲ.①古汉语
－启蒙读物 Ⅳ.①H194.1

中国版本图书馆 CIP 数据核字（2017）第 206638 号

朱子文化意象丛书
Zhuzi Jiaxun

朱子家训

〔宋〕朱熹　著　顾志珊　绘　方彦寿　注解

出版发行　**福建教育出版社**
　　　　　（福州市梦山路 27 号　邮编：350025　网址：www.fep.com.cn
　　　　　编辑部电话：0591-83716190
　　　　　发行部电话：0591-83721876　87115073　010-62024258）
出 版 人　江金辉
印　　刷　福建省地质印刷厂
　　　　　（福州市金山工业区　邮编：350011）
开　　本　787 毫米×1092 毫米　1/16
印　　张　5
字　　数　60 千字
版　　次　2017 年 8 月第 1 版　　2023 年 7 月第 5 次印刷
书　　号　ISBN 978-7-5334-7833-9
定　　价　26.00 元

如发现本书印装质量问题，请向本社出版科（电话：0591-83726019）调换。

文公先生像 〔明〕郭诩◎作

"朱子文化意象丛书"序

方彦寿

曾不止一次听到某位资深的朱子学专家感叹说，朱子学研究的圈子实在太小了，参加研讨会的学者群往往就是读者群，你写的文章我读，我写的文章你读。究其原因，就是因为学者关注的是朱子文化的学术性、专业性，而忽视其普及性、群众性，长此以往，这个圈子会越来越小，越来越窄。所以，他大声疾呼，要加强朱子文化的普及！

的确，朱子文化的普及工作之所以长期以来难有大的进展，一是因为朱子的著作、朱子后学的著作、研究朱子学的著作可谓汗牛充栋，卷帙浩繁；二是因为朱子的思想体系博大精深，理学概念、话语、词汇，有其专业性、特殊性，没有经过长期的学习、训练，具备专业功底，一般人很难登堂入室，领悟其中的奥秘。因此，对朱子文化进行通俗化、大众化的解读，是普及朱子文化，扩大其影响必不可少的一件事情。

好在，近年来，随着福建省社会科学普及工作的扎实开展，及朱子文化保护、学术、传播、教化和交流五项工程的全面启动，朱子文化的普及也已开始初见成效。眼前的这套丛书，即将由福建教育出版社陆续出版的"朱子文化意象丛书"，就是贯彻和落实朱子文化传播、教化工程，为推动朱子文化的普及而添砖加瓦的通俗读物。

所谓"意象"，《易·系辞》中已有"观物取象""圣人立象以尽意"的说法，认为当文字和言语都不足以将人们的思想表达得十分完善的时候，具有各种象征意义的卦象却往往能起到重要的作用。中国传统文论、诗论则借此命题，用以反映艺术形象与客观事物的再现关系。"朱子文化意象丛书"的策划者和主创者们，则于此匠心独运，认为作为传统的哲学、美学命题，"意象"之说不应被文学家、艺术家们所专美，他们希望借助这一命题，来解说朱子文化。况且，《易经》本就是儒学经典，用来解说朱子新儒学，可谓实至名归。具体的方法是，借助在我国曾经出现过的许许多多鲜活的历史人物，生动的历史故事，请绘画名家用国画将这些故事描绘出来，进而与朱子学专家文字普及相结合，将朱子文化通俗化、普及化。在这一指导思想下，这套丛书将陆续推出国画注解版的《朱子家训》《童蒙须知》《小学》《朱子诗词》等。

作为我国古代杰出的哲学家、思想家和教育家，朱子集上起孔孟、下迄北宋五子思想之大成，创建了一个博大精深的理学思想体系，对中国传统文化产生了重大影响。

从精神层面来说，朱子文化指的是以朱子理学为核心的，涵括哲学、政治、经济、教育、历史和文学等诸多方面的思想文化；从物质层面来说，朱子学派所遗留的历史遗存和遗迹，是朱子文化活态的历史见证；从道德层面来说，以天道性理为核心的朱子学，讲的是做人的道理。这对提升民众的人文素质，加强思想道德建设都有重要的意义。开展朱子文化研究与普及，打造朱子文化品牌，目的就是要围绕落实立德树人根本任务，为提高当代人的素质，加强思想道德建设服务。

不少人认为，由于朱子学高深的哲理和时代的隔阂，很难在现实生活中，在民众中得到卓有成效的普及。这其实是一个误解。正如当年朱子老师李侗所说的"道亦无玄妙，只在日用间著实做工夫处理会"（《朱子语类》卷一百一）。孔孟儒学、朱子理学讲的是做人的道理，讲的是"日用常行之道"，必须落实在每天的生活之中。即便是在当今之世，朱子道德哲学的主要内容和精神，仍然没有过时，仍然具备指导社会、指导人生的意义，值得推广普及。所以，朱子理学或传统儒学即是这样一种与百姓生活息息相关的"日用常行之道"。

朱子在《童蒙须知》中，已经把"修身、治心"的为人之道，和衣服冠履，言语步趋，洒扫涓洁，读书写字，也就是每个人日常生活的一言一行联系起来，从而揭示出二者之间的关系。在《朱子家训》中，这种关系得到更深一步的揭示，提出了正确处理个人与家庭、与社会、与国家的关系，体现了朱子理学所倡导的修身、齐家、治国、平天下的价值目标和家国情怀。

什么是道？什么是德？朱子回答："道者，人之所共由；德者，己之所独得"；又说"德行，得之于心而见于行事者也"（《朱子语类》卷三十九）。一方面，朱子强调了道德的社会公众性，即"共由之路"；另一方面，又强调了道德是每个人"得之于心而不失"的理念和信仰。此外，他还强调了道德的实践意义，必须与行动结合起来而"行之于事"。在《近思录·为学》中，朱子讲："圣人之道入乎耳，存乎心，蕴之为德行，行之为事业。彼以文辞而已者，陋矣。"这里用了"入、存、蕴"三个动词，而最终是要落实在"行"上，即"行之为事业"。之后，朱子告诫说，如果把这些话仅仅看成是与自我无关的名人名言，那就太浅陋了！

这就是朱子的道德观，我们今天称之为人生哲学，与社会生活密切相关，它来源于生活，同时又面向生活，回归生活，指导生活。所以朱子非常重视道德哲学的实践意义。

习近平总书记指出，一种价值观要真正发挥作用，必须融入社会生活，让人们在实践中感知它、领悟它。要注意把我们所提倡的与人们日常生活紧密联系起来，在落细、落小、落实上下功夫。

祖国优秀传统文化作为社会主义核心价值观的根基，二者本来就有其一脉相承之处。培育和践行社会主义核心价值观离不开中华优秀传统文化的滋养，离不开对朱子文化的继承和弘扬，希望本套丛书能给读者以启迪。

（本文作者系福州理工学院朱子文化研究所所长，研究员）

一部发掘中华传统文化精髓的普及性佳作（代序）

朱 清

因多年从事中华传统文化的研究与应用工作，我对朱子文化的扬弃及其在化民成俗方面的作用尤为关注。

日前，读到由顾志珊绘图、方彦寿作注的国画注解版《朱子家训》（以下简称《家训注解》）书稿，先睹为快，沁人心扉。该书稿给我的感触是，图文并茂，简明通俗，注解透彻，精义了然，是近年来难得的一部发掘传统文化精髓的普及性佳作，很值得推介。

彦寿先生乃当下福建朱子文化研究领域一位学养丰沛、成就斐然、有影响力的学者。他每有著述出版，总会让人眼前一亮。我印象至深的是八年前，彦寿先生时任武夷山朱熹研究中心主任，主持编撰了多达200万字的《朱子文化大典》，用现代视角阐释朱子理学思想体系，尤为重视正本清源；其富有创意的学术探索，辨析唯实且极有见地，受到学界频频点赞。近年来，彦寿先生出任福州理工学院朱子文化研究所所长，在朱子文化普及方面拓展了一片革故用今、融合生活与现代表达的鼎新格局，《家训注解》的别开生面即是实证。彦寿先生做学问"穷理""居敬"，可谓以"朱子精神"研习朱子文化，令我感佩。向他讨教，获益不浅。

《家训注解》是"朱子文化意象丛书"的开篇之作，其出版的意义，在彦寿先生为丛书所作的序言中已有充分论述，讲得详尽深刻，我完全认同，不再赘述。只在掩卷思索后，增添了些许感悟。

据考，《朱子家训》为当年朱子在武夷精舍办学期间所著。其时，朱子初步完成《四书集注》，并为之作了"序定"。强调以《大学》定规模、《论语》立根本、《孟子》观发越、《中庸》求精微，标志着其理学思想在系统化方面已基本成型。朱子所著家训，内容囊括理学体系，诚然是为社会全员而作，并非专对朱氏家人，这也体现了他的家国情怀。《朱子家训》的社会教化属性，是时至今日仍能得到社会广泛关注的重要缘由。编撰《家训注解》不仅是顾及古现代辞意和语境的转换需要，而且也是体现《朱子家训》的当代价值的需要。当然，这也是《家训注解》列为丛书开篇的要旨。

《朱子家训》与《童蒙须知》《小学》同为朱子"武夷办学"时期的经典之著，展露了朱子教育观的高远境界与前瞻性。"家训"视家庭教育为传播理学思想的社会根基，"启蒙"意在从"日用之小"做起，循序施教，培养少年儿童于人生起步之时就知晓义理，志向圣贤。故"家训"与"启蒙"的糅合，显现了中国古圣者的"战略思维"。朱子逝世数百年后，有晚明理学名士朱柏庐作《治家格言》，将朱子的"训""蒙"教育融汇一体，从"黎明洒扫"讲起，引至"家门和顺""心存君国"，生动阐释了朱子理学的真谛。柏庐先生的《治家格言》有益于黎民百姓持家养正，安身立命，因而在社会上广为流传，以至民间常常有人将此格言误称作《朱子家训》。足可见"训""蒙"糅合影响之深，何其重要。据悉，丛书系列已包括《童蒙须知》《小学》的国画注解版，意义亦不凡，大可期待之！

通观《家训注解》，最宝贵的价值是揭示了《朱子家训》的爱国主义思想。无论释文、画解和列举的中华文明史上诸多"好故事"，及其阐论的时代价值，都起到点睛的作用，指导人们去细细品味《朱子家训》中的护国济民情愫。《家训注解》引据的"大禹治水""尽忠报国""将相和"等一系列历史典故，大多家喻户晓，其蕴含的中华文明，以小见大，由点及面，溯源流芳，跨越时空，对增强今人为实现中华民族伟大复兴中国梦而奋斗的文化自信，仍能起到重要的思想启迪和促进作用。

《朱子家训》是朱子文化恢宏体系的浓缩，它包含的"至善新民""存理克欲""视民如伤""贵和尚中""仁义礼智信"等思想精华，反映了人类社会发展必须遵循的规律和准则。我赞赏彦寿先生在序言中所说的"培育和践行社会主义核心价值观离不开中华优秀传统文化的滋养，离不开对朱子文化的继承和弘扬"。我以为，《朱子家训》可给建设中国特色社会主义以丰润的文化滋养，而《家训注解》正是浇灌这一文化滋养的优秀园丁！

我衷心祝贺《朱子家训》国画注解版顺利出版！

（本文作者系中共福建省委宣传部原副部长）

目　录

《朱子家训》国画注解

朱子家训

〔南宋〕朱熹

　　君之所贵者，仁也。臣之所贵者，忠也。父之所贵者，慈也。子之所贵者，孝也。兄之所贵者，友也。弟之所贵者，恭也。夫之所贵者，和也。妇之所贵者，柔也。事师长贵乎礼也，交朋友贵乎信也。见老者，敬之；见幼者，爱之。有德者，年虽下于我，我必尊之；不肖者，年虽高于我，我必远之。慎勿谈人之短，切莫矜己之长。仇者以义解之，怨者以直报之，随所遇而安之。人有小过，含容而忍之；人有大过，以理而谕之。勿以善小而不为，勿以恶小而为之。人有恶，则掩之；人有善，则扬之。处世无私仇，治家无私法。勿损人而利己，勿妒贤而嫉能。勿称忿而报横逆，勿非礼而害物命。见不义之财勿取，遇合理之事则从。诗书不可不读，礼义不可不知。子孙不可不教，僮仆不可不恤。斯文不可不敬，患难不可不扶。守我之分者，礼也；听我之命者，天也。人能如是，天必相之。此乃日用常行之道，若衣服之于身体，饮食之于口腹，不可一日无也，可不慎哉！

大禹治水
歲次丁酉春月志強連稿

君之所贵者，仁也

释文：领导者最可贵的品格是仁。

时代价值：亲和；宽容；关怀

画解：大禹治水

很久很久以前，黄河洪水泛滥，中原一带人民流离失所。君主尧采纳了各部落首领的建议，任命鲧来治水。但是，九年过去了，洪水仍然肆虐。

继任君主舜听从了大臣的建议，把治水的任务交给了鲧的儿子大禹。当时，大禹新婚才几天，他告别妻子，带领一批助手，跋山涉水，风餐露宿。大禹吸取了父亲以"堵"治水的教训，采用了疏通水道的方法，使洪水能够顺利地东流入海。

大禹治水，三过家门而不入。有一次他路过家门，听到婴儿的哭声，那是他的妻子刚给他生下的一个儿子。他多么想进去看一看妻子和孩子啊！但是一想到治水的重任和无家可归的百姓，大禹眼含热泪，头也不回地继续投入到治水的工作中去。在大禹的努力下，咆哮的河水终于变得驯服而平缓，昔日被水淹没的农田变成了粮仓，人民过上了幸福富足的生活。

后来，舜把帝位禅让给禹。大禹因此成了上古时期，继尧、舜之后第三位具有仁爱之心的君主。

朱子曰
国以民为本，社稷亦为民而立。(《孟子集注·尽心章句下》)
忧民之忧，而民忧其忧。(《孟子集注·梁惠王章句下》)

臣之所贵者，忠也

释文：被领导者最可贵的品格是忠。
时代价值：爱国；忠诚；奉献
画解：尽忠报国

岳飞，中国历史上著名的爱国将领。他幼时好学，善武能文，见金兵纵横，宋朝百姓惨遭荼毒，立誓献身报国。在他即将奔赴战场的前夕，深明大义的母亲，眼含热泪在他背上刺下了"尽忠报国"四个大字。她告诫儿子说，一定要赤胆忠心，报效祖国，为国家、为民族的利益而英勇杀敌！

从军后，岳飞作战勇敢，身先士卒，以其出色的军事才干脱颖而出，并很快成长为一位威震四方的将军和顶天立地的抗金英雄。他率领的"岳家军"，善于出奇制胜，在前线屡获全胜，让敌军闻风丧胆，不得不承认"撼山易，撼岳家军难"！金军统帅兀术，在与岳家军交战中屡战屡败，锐气丧尽。正当岳飞高歌"靖康耻，犹未雪；臣子恨，何时灭？驾长车，踏破贺兰山缺！"欲率领岳家军直捣黄龙之际，却被朝中投降派秦桧借宋高宗十三道金牌召回，最后遭奸臣迫害，惨死在风波亭。

岳飞虽然含冤而逝，但他的爱国精神和英雄业绩，却世世代代铭记在后人的心中，并激励着一代代有志之士茁壮成长！

朱子曰
君仁臣忠，父慈子孝，此是经常之道。（《朱子语类》卷三十七）
爱君希道泰，忧国愿年丰。（朱子书考亭书院门联）

羊有跪乳之恩鴉有反哺之情
語見增廣賢文 丁酉仲春吉珊寫

8

父之所贵者，慈也；子之所贵者，孝也

释文：父母最可贵的品格是慈爱；

子女最可贵的品格是孝顺。

时代价值：慈爱；孝顺

画解：羊羔跪乳、乌鹊反哺

"羊有跪乳之恩，鸦有反哺之情"，《增广贤文》中这两句，说的是动物之孝与人类之孝的共性。

很久以前，羊妈妈生了一只小羊羔，她非常疼爱小羊。小羊问："妈妈，我怎么做才能报答您的养育之恩呢？"羊妈妈说："孩子，我不求你的报答，只要你有这份孝心就可以了。"小羊听后，"扑通"跪倒在地，以此表达对慈母的养育深情。此后，小羊每次吃奶都是跪着的。

乌鸦是一种很讲孝道的动物，古人所说的"鸦反哺"，是说乌鸦也懂得报恩。小乌鸦在妈妈的哺育下逐渐成长，妈妈也慢慢老了，飞不动了，只能整天待在窝里。这时，长大了的乌鸦就会自己出去寻找食物，并承担起喂养妈妈的责任。

元朝福州有一位诗人，名叫林同。他写诗说："灵乌噪何许？反哺向中林。人可不如鸟，而无爱母心？"（《孝诗·乌》）大意是说，灵巧的小乌鸦为何叫个不停？它们正在喂养衰老的妈妈。作为堂堂正正的人，怎么能够不如动物，而不知孝顺父母呢？

朱子曰

父子欲其孝慈。（《家政》）

事亲须是孝，不然，则非事亲之道。（《朱子语类》卷十三）

兄之所贵者，友也；弟之所贵者，恭也

释文：哥哥（姐姐）最可贵的品格是爱护弟弟（妹妹）；
弟弟（妹妹）最可贵的品格是尊敬哥哥（姐姐）。

时代价值：友爱

画解：孔融让梨

　　孔融是我国东汉时期著名的文学家，是孔子的第二十世孙。他有五个哥哥和一个弟弟。孔融小的时候有一天，父亲端出一盘梨子，哥哥们让弟弟先拿。孔融挑选了一个最小的。父亲看见了，问孔融："你为什么不拿大的，却选最小的呢？"孔融回答说："我年纪小，应该拿个最小的，大的留给哥哥吃。"父亲又问："弟弟不是比你还要小吗？"孔融说："我比弟弟大，我是哥哥，我应该把大的留给弟弟吃。"父亲听了，连声称赞他是好孩子。这一年，孔融四岁。

朱子曰

兄弟欲其友恭。（《家政》）
圣人教人，大概只是说孝弟忠信日用常行底话。人能就上面做将去，则心之放者自收，性之昏者自著。（《朱子语类》卷八）

11

相敬如賓

歲在丁卯仲春 顧志珊造稿

夫之所贵者，和也；妇之所贵者，柔也

释文：丈夫最可贵的品格是与妻子和睦相处；
妻子最可贵的品格是性情温柔。

时代价值：夫妻平等、和睦

画解：相敬如宾

夫妻和睦是家庭幸福的前提和保证，其最基本的道德要求就是夫妻在地位平等的基础上要互敬互爱。成语"相敬如宾"说的就是这样一个故事。

春秋时期，晋国郤缺因家庭变故被贬为平民，以务农为生。他一面辛勤耕作，一面以古今圣贤为师刻苦学习，德行与日俱增。不仅妻子对他十分满意，就连初次见面的人也无不赞叹。

一次，郤缺在田间除草。中午，妻子将饭送到地头，十分恭敬地端到丈夫面前，郤缺连忙接住，频致谢意。饭菜虽粗陋，但夫和妻柔，相互尊重，倒也吃得有滋有味。

这一情景，正好被路过的一位晋国大夫看到，他认为夫妻之间能如此互相尊敬，一定是个有德之士，于是向朝廷举荐了他。后来郤缺立了大功，升为晋国的卿大夫。

朱子曰

夫妇欲其敬顺。（《家政》）

夫有人民，而后有夫妇；有夫妇，而后有父子；有父子，而后有兄弟。一家之亲，此三者而已矣。（《小学》卷五）

事师长贵乎礼也

释文：尊敬师长要发自内心，言行举止要有礼貌。

时代价值：尊师

画解：程门立雪

"程门立雪"是历史上著名的尊师的故事。主人公是北宋时期两位福建籍的学者游酢、杨时。他们先师从河南洛阳的程颢。程颢逝世后，为了进一步钻研学术，他们又同赴洛阳从学于程颢的弟弟程颐。某年冬天，他们冒着大雪来到程家。很不巧，程颐这时正好坐在椅子上闭目养神。他们不忍惊动程颐先生，于是恭敬地侍立一旁静候。等到程颐发觉时，门外的雪已经有一尺深了，史称"程门立雪"。

朱子曰

凡子事父母，臣事君，门弟子事师，惟至诚而不可以欺。

（《论语精义》卷六上）

包公断案图

岁在丁酉暮春 顾生珊道稿

交朋友贵乎信也

释文：交朋友应当诚信，说到就要做到。

时代价值：诚信

画解：信守承诺

朱子在《小学》中，讲了这么一则故事：

包拯在任开封府府尹时，有个人到衙门来告状。自称他有个朋友死了，生前曾经把上百两金子寄在他那里，如今好不容易找到朋友的儿子，想把金子还给朋友的儿子，谁知这小伙子却不肯接受。他到开封府来就是想请包公把朋友的儿子招来，他想把这笔钱当面交还。于是包公把他朋友的儿子叫到衙门来。不料，他朋友的儿子还是推托，说没听说过父亲生前把钱寄在别人那里，所以不能收！于是，两人就在开封府衙中争执不已。这边说，这钱是你的，我必须遵守当年的承诺，请你收下；那边说，这钱不是我的，我爹生前没对我说过这事，我不能收。双方一直推来推去。包公生平断案无数，但面对一个是信守承诺而不欺，一个是诚实而不贪婪之人，这个案子该如何了断，却让他犯了难……

朱子曰

信者，言之有实也。(《论语集注·学而》)

言而不践，则是不信。(《朱子语类》卷二十二)

大凡敦厚忠信，能攻吾过者，益友也；其谄媚轻薄，傲慢亵狎，导人为恶者，损友也。(《与长子受之》)

老吾老以及人之老 幼吾幼以及
人之幼

書于溪東惠山上

见老者，敬之；见幼者，爱之

释文：遇见老人要尊敬；看见小孩要爱护。
时代价值：尊老爱幼
画解：尊老爱幼

齐宣王向孟子询问治国之策，孟子回答说："老吾老以及人之老，幼吾幼以及人之幼。天下可运于掌。"意思是说，尊敬自己的长辈，并以同样的态度对待别人家的长辈；爱护自己的孩子，并以同样的态度爱护别人家的孩子。有了这样的态度，治理天下就会像在手掌中转动东西一样那么容易了。

尊老爱幼，是中华民族优秀的文化传统。所敬爱的对象，包括家庭内和家庭外。在家庭内，指的是要赡养双亲，在衣食住行上照顾老人，关注他们的想法，尽人子之责。在家庭外，则要尊敬年长之人，爱护年幼之人。

朱子曰
孝顺父母，恭敬长上，和睦宗姻，周恤邻里。
（《劝谕榜》）

不當在弟子列

夜航船是又偏頗御師徒以年老來有記藝无定八歲能詩及長啓發以絶頂惶恐籌然書法乱不讀未童扣其學多大聲曰此吾老友也不當在弟子

子引

歲在丁酉春月顧玉珊畫並識

有德者，年虽下于我，我必尊之

释文：有德行的人，即使年纪比我小，
我也一定尊敬他。
时代价值：见贤思齐
画解：不当在弟子列

朱子有一位精通易学和音律的弟子，名叫蔡元定。蔡元定从小就很聪明，八岁就能写诗，十岁的时候，父亲就教他读北宋理学家张载的著作，青年时已精通儒学。从学朱子的时候，朱子考察他的人品和学问，对他极为赞赏。尽管他比朱子小五岁，但从德行和学术水平上来说，朱子认为应视其为朋友，而"不当在弟子之列"。但蔡元定坚持要做朱子的学生。在后来的教学实践中，师生二人教学相长，互敬互爱，相互促进。朱子的许多著作，如《四书章句集注》《周易本义》《易学启蒙》都吸收了蔡元定的部分学术见解。

子曰："见贤思齐焉，见不贤而内自省也。"孔子的意思是说，看见贤人，便应该想到向他看齐；看见不贤的人，便应该自我反省（有没有同他类似的毛病）。孔子的话，集中体现了古代名儒对于道德修养的高度重视。

朱子曰
出门从师，则不计生之先后而惟善是主。（《祭潘叔度文》）
于天下之德无一定之师，惟善是从，则凡有善者皆可师也；
于天下之善无一定之主，惟一其心，则其所取者无不善矣。
（《答石子重》）

余自罕力終歲不讀書而不可近之此言
極有味上抵誦師為與彼匹當以得師為急擇友
為難矣——壽光畫集陳亞珊書
歲至丁酉暮春顧玉珊近稿

22

不肖者，年虽高于我，我必远之

释文：品行不端的人，即使年纪比我大，
我也一定远离他。
时代价值：谨慎选择交往的对象
画解：为老不尊，教坏子孙

朱子在任漳州知州时，发现州学教授张某品行不端，为防止其带坏青年学子，朱子将其开除，并训斥为他说情的人说："教授作为分教一邦的师长，责任重大，理当成为青年学子效法的榜样，岂能为老不尊，寡廉鲜耻！"

一般来说，年岁高者更能明事理、辨是非。德高望重，往往指的是年高德彰、学问宏富之人；但也有一些上了年纪的人，由于受个人的成长经历、所受教育和环境的影响，思想品行不够端正，行为举止为人所不齿。俗话说得好"为老不尊，教坏子孙"。对这样的人，一定要敬而远之，否则，晚辈很容易跟着他学坏。

朱子曰
泛交而不择，取祸之道。(《朱子语类》卷四十九)
宁可终岁不读书，而不可一日近小人。此言极有味。
大抵诸郎为学，正当以得师为急，择友为难耳。(《与陈丞相书》)

纯仁性夷易宽简不以声色加人谊之所在则挺然不少屈每诫子弟曰人虽至愚责人则明虽有聪明恕己则昏苟能责人之心责己恕己之心恕人不患不至圣贤地位也

右录宋史列传第七十三

岁在丁酉写而顾志珊造稿

慎勿谈人之短，切莫矜己之长

释文：不要随便议论别人的短处，
也不要夸耀自己的长处。
时代价值：慎言；谦虚
画解：推己及人

东汉开国名将马援告诫他的子侄说："听到议论别人的短处，耳朵可以听，但不能去传播。既然不去传播，又何必去听呢？所以，听到议论别人的短处，未必要听。但有益的言论和高尚的行为，则不可不听。谈论别人的短处，攻击别人的恶行，不是君子所该做的。"

北宋范纯仁告诫子弟说："一个人即使再笨，他在指责别人时却很聪明；一个人即使再聪明，宽恕自己时却很糊涂。你们应当用批评别人的态度来批评自己，用宽恕自己的态度来宽恕别人。这样，就不怕不能到达圣贤的地位了。"

儒学的一个重要特点是重视推己及人的恕道，提倡"己所不欲，勿施于人"。因此，在人际交往中，不随便揭人之短，也不炫耀自己的长处。不揭人之短是为了使人有改过之心，走上为善之路。

朱子曰
当择善以潜心，毋以一长而自足。(《祭郑自明文》)
苟能以责人之心责己，恕己之心恕人，则不患不至于圣贤矣。(《四书或问》卷二)

仇者以义解之，怨者以直报之，
随所遇而安之

释文：对仇恨自己的人，要用道义去化解；
对埋怨自己的人，要以公道、坦诚、正直来对待；
不论身处顺境还是逆境，都要用平常心去对待。
时代价值：以直报怨，以德报德
画解：以直报怨

信陵君是战国时期魏国著名的军事家、政治家。他治政的特点是善于招贤纳士，礼敬出身贫寒而又有真才实学之人。在他的门下，来自各地的贤才多达数千人。应如何取得这些人的信任，而使他们真正为其所用呢？门下名士侯生为信陵君出主意说："公子有德于别人，希望公子把它忘了；别人有恩德于公子，希望公子要牢记在心，时刻想着要回报他。孔老夫子讲'以直报怨，以德报德'，受人恩德，须报以恩德；与人结怨，要坦诚正直。""以直报怨，以德报德"不仅成为信陵君的为政之道，而且亦应成为世人的为人之道。

朱子曰

古之君子施而不望其报，祀而不祈其福，盖以为善为当然。(《跋程宰登瀛阁记》)

己所不欲，勿施于人，以是行之，与物皆春。(《敬恕斋铭》)

人有小过，含容而忍之；
人有大过，以理而谕之

释文： 别人有小的过失，要谅解和包容他；
别人有大的错误，要讲道理劝导和帮助他。

时代价值： 宽容

画解： 不以小过掩大德

明朝永乐年间，杨士奇、杨荣等人同时被选为文渊阁大学士。杨士奇在仁、宣二帝时期及英宗初年，长期主持内阁。他知人善任，为官清廉。杨荣则以才识见长，但生活比较奢侈。《明史·杨士奇传》载，杨荣曾经多次接受边关大将馈赠的良马。皇帝听说后向杨士奇求证，杨士奇却大力称赞杨荣通晓边关军务，是他和其他大臣都不能比的，不能因为他有这样的小错而掩其大德。皇帝听完则笑着告诉杨士奇，杨荣曾经在自己面前说过他的坏话，杨士奇听后，不仅没有丝毫的不满，反而请求皇帝要信任杨荣。杨荣听说了这件事后，十分惭愧，两人后来建立了亲密的关系。

朱子曰
凡闻人所为不善，下至婢仆违过，宜且包藏，不应便尔声言。当相告语，使其知改。（《童蒙须知》）

戴孚圖

老子曰樹木之生也滋長
若一日不長便峰枯痺瘦
是生理不搞 将者亦興好
而百分帰土柢德須兒不喪
進若一日不進便退也

老子范類卷之二

歲在丁酉苗篁間 顧玄細道 楊

勿以善小而不为，勿以恶小而为之

释文：不要因为善行小就不去做，
也不要因为恶行小就去做。

时代价值：自律；自爱

画解：惟贤德可以服人

这是三国时期蜀国国君刘备告诫其子的遗言："勿以恶小而为之，勿以善小而不为。惟贤惟德，可以服人。"

朱子汲取前人的思想精华，将此写入家训，以此告诫子孙。朱子认为，做好事、做善事，就好像树木一样，每天都要汲取阳光、水分，才能逐渐长成参天大树，否则，就会枯萎。反之，如果每天都做一件哪怕很小的错事、坏事，天长日久，也会恶名远扬。

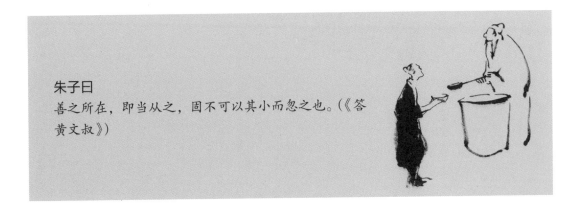

朱子曰
善之所在，即当从之，固不可以其小而忽之也。(《答黄文叔》)

王旦與寇準

歲次丁酉春扁後三日顧生珊速稿

人有恶，则掩之；人有善，则扬之

释文：见到别人的缺点和缺陷，不要四处议论扩散；
见到别人的优点和成绩，应该多加赞美和宣扬。
时代价值：去恶扬善；包容
画解：襟怀坦荡的王旦

王旦和寇准是北宋时期的两位著名大臣。有一次，王旦执掌的中书省送往寇准掌管的枢密院的文稿中有些失误。寇准告诉了宋真宗，宋真宗责备了王旦，有关人员因此受到了处罚。时隔不久，枢密院送往中书省的文稿也出现了一些失误，办事人员高兴地拿给王旦看，想让王旦借机报复一下寇准，王旦却让手下人送回枢密院改正后再送来。寇准知道后很惭愧，见了王旦感叹说："老朋友，你怎么有如此大的度量？"王旦一笑了之。别人有不对的地方，要帮助他改正，而不是到处宣扬，显示了王旦襟怀坦荡，具有常人罕见的大度与包容。

朱子曰
惟仁者心中浑是正理，见人之善者则好之，见不善者则恶之。
（《朱子语类》卷二十六）
见人之善而寻己之善，见人之恶而寻己之恶，如此，方是有益。
（《朱子语类》卷二十七）

处世无私仇，治家无私法

释文：处理公共事务不能掺杂个人恩怨，处理家庭事务不能掺杂私心。

时代价值：公正

画解：存心以公

存心以公，而不是以私，这是朱子的处世之道。以此之心治家，则无私法；以此治理社会，才能公平公正。他有几段很有名的话，说"官无大小，凡事只是一个公。若公时，做得来也精采。便若小官，人也望风畏服""大抵守官只要律己公廉，执事勤谨，昼夜孜孜，如临渊谷，便自无他患害"。

这几段话都是他告诫弟子所说，实际上表达了理学家所提倡的"公勤廉谨"的为人、为宦之道。后来，他的私淑弟子真德秀将此概括为"律己以廉、抚民以仁、存心以公、为事以勤"四事箴，流传到当代，仍有借鉴意义。

朱子曰

盖人撑起这公作骨子，则无私心而仁矣。盖公只是一个公理，仁是人心本仁。人而不公，则害夫仁。（《朱子语类》卷九十五）

勿损人而利己，勿妒贤而嫉能

释文： 不要做损人利己的事，不要嫉妒贤良的人。

时代价值： 择善而从；虚心

画解： 妒贤嫉能的项羽

秦朝灭亡之后，刘邦和项羽为争夺天下互相攻伐，史称"楚汉之争"。本来，项羽的军队比刘邦强大，但是项羽不善用人，最终成为孤家寡人，被刘邦打败，在乌江边上自刎而死。

刘邦得天下后，有一次他问群臣："你们可知，为什么我能取得天下，而项羽却不能呢？"有大臣高声回答："这是因为项羽妒贤嫉能，对有才能的人不能很好地发挥他的作用，反而羡慕嫉妒恨，失败是必然的。"

许多人在遭遇困境的时候，总觉得问题出在别人身上，只会怨天尤人。在这种情况下，那些本应成为学习对象的优秀人才，反而会成为羡慕嫉妒恨的对象，结果可想而知。

朱子曰

人只缘见识小，故器量小。（《朱子语类》卷二十五）

大丈夫当容人，勿为人所容。（《朱子语类》卷三十五）

将相戏

蔺相如廉颇故事 丁酉正春志珊造稿

勿称忿而报横逆，勿非礼而害物命

释文： 不要因自己的愤怒而粗暴地伤害他人，
不要违背礼仪而随便伤害一切生命。
时代价值： 和谐；忍让；宽容
画解： 将相和

渑池之会后，蔺相如被封为上卿，官位在廉颇之上。廉颇不乐意了。他说："作为将军，我出生入死，而蔺相如只不过能说会道，地位却在我之上，我感到羞耻。"又说："我遇见蔺相如，一定要羞辱他。"听到这些话，蔺相如不愿意和廉颇发生冲突，外出远远看到廉颇，就掉转车子回避。蔺相如的门客觉得很没面子，就对他说："您官位高于廉颇，却躲避他，这也太胆怯了吧！"蔺相如说："诸位认为廉将军和秦王谁更厉害？"众人都说："当然是秦王。"蔺相如说："以秦王的威势，我尚敢在朝廷上呵斥他，难道会害怕廉将军吗？秦国之所以不敢对赵国用兵，是因为有我们两人在呀。如果只图一时之快，逞私怒，泄私忿，二虎相争，势必不能同存。这样，国家就危险了！在国家利益面前，个人的恩怨和荣辱都不重要！"廉颇听到这些话，来到蔺相如的门前"负荆请罪"。将相二人从此和好，并成了生死与共的好朋友。

朱子曰

私怒欲其不逞，私忿欲其不蓄。非法欲其不为，危事欲其勿与。（《家政》）
血气之怒不可有，义理之怒不可无。（《朱子语类》卷十三）

见不义之财勿取，遇合理之事则从

释文：不要贪图不合法的财物，遇到合乎义理的事要遵从并积极参与。

时代价值：自律；自省

画解：当官不发财，发财不当官

朱子在《小学》中，讲了这么一则故事，读来发人深省：

崔元晖是武则天朝中的宰相。他的母亲曾告诫他说："我的表兄在朝做官，他对我说，儿子在外当官，如果有人来告诉我，他很贫穷，日子过得很艰难，这是好消息；如果听到他钱多得用不完，穿着锦衣绣服，骑着高头大马，这是坏消息。我认为这是真知灼见。近来看到亲戚家中做官的人，钱财大把大把交给父母，这些父母只知道高兴，完全不过问这些钱财的来路。如果是俸禄中的节余，这是好事，如果是不义之财，能用得心安理得吗？"元晖遵奉母亲的教诲，居官清廉谨慎，受到人们的称赞。

崔元晖遵从其母所教，并非仅仅是孝道使然，更是循理而行。即做好合理之事，听从合理之言。

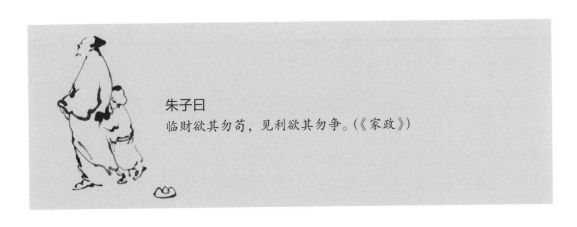

朱子曰
临财欲其勿苟，见利欲其勿争。（《家政》）

诗书不可不读，礼义不可不知

释文： 要勤读圣贤诗书，要明白礼义规范和道德规则。

时代价值： 致知力行

画解： 身要正，心更要正

北宋时，有一个叫徐积的学者，拜胡安定先生为师。从此专心致志，一心只读圣贤之书，且身体力行。他的学问，以内心至诚为根本，侍奉母亲极其孝顺。他曾说："我第一次拜见安定先生，退下时，头的姿势有一点歪；安定先生以《礼记注疏》中的话大声告诫我说：'头的姿势要端正！'

听了先生的话，我想，不仅头的姿势要端正，内心更要正直，从此不敢有邪念。"后来，朱子评论说，像徐积这样的人，本身资质就淳朴，一经指点，就能举一反三，终身向善。

读诗明礼为知，用之于日常生活中为行，故朱子说"致知力行"。

朱子曰

读圣贤书，立修齐志；行仁义事，存忠孝心。（朱子手书对联）

詩書處世長　忠孝持

義禮

朱子曰　□□□□

後生子弟咸知
修其孝弟忠
信之行　入必事
其父兄　出必
敬其長上
教厚親族
和睦鄉鄰
之義不愧
宜無相通
寬難相恤
廣成風俗
使

右錄朱子
崇禎文
朱子文集朱
卷九十九
讀於壬申
□□谷雨
□□左鄰
□□□義時和
顧志圳造籍

子孙不可不教，僮仆不可不恤

释文： 一定要教育好子孙。在对子孙施予慈爱的同时，

要加强对孩子的教育，教其做人的道理，知礼仪，尽孝道。

对普通劳动者要加以关爱，尊重他们的职业和劳动。

时代价值： 诗书传家；职业平等

画解： 家无逆子，国有贤臣

　　古人非常重视对子女的道德修养、精神品质的教育，要求他们重视节操，注重气节，继承清白家风。蜀国诸葛亮，北宋司马光、程颢、程颐、邵雍，南宋朱子等都是其中的佼佼者。"国有贤臣安社稷，家无逆子恼爹娘。四方宁静干戈息，我若贫时也不妨。"这是邵雍的家国情怀。南宋著名爱国诗人陆游则告诫子孙，做人并不是一定要争取高官厚禄，能做个为人称道的"善人"，造福乡间足矣。他的《示子孙》诗中说："为贫出仕退为农，二百年来世世同。富贵苟求终近祸，汝曹切勿坠家风。"他告诫子孙，若是一心贪图富贵，灾祸就会降临。你们不要因为贪得无厌而毁了家风！

朱子曰
后生子弟咸知修其孝弟忠信之行，入以事其父兄，出以事其长上，敦厚亲族，和睦乡邻，有无相通，患难相恤，庶几风俗之美不愧古人。
（《知南康榜文》）

三顾茅庐
丁酉岁春
古泅题

斯文不可不敬

释文：要敬畏优秀传统文化，敬重有道德有学识的人。

时代价值：敬贤

画解：三顾茅庐，礼敬斯文

诸葛亮是三国时期杰出的政治家、军事家。他在隐居隆中之时，就以高风亮节和卓越的才华闻名。刘备为了请他出山，一次又一次率领关羽、张飞前往卧龙岗拜访他。在此过程中，关羽、张飞对刘备屡屡屈尊前往，心里有气，劝刘备不要再去。性格暴烈的张飞甚至发牢骚说："不须哥哥去，他如不来，我就用一条麻绳把他绑来！"惹得刘备大怒，斥责他说："你们难道没听说周文王拜谒姜子牙的故事吗？怎么可以如此无礼？"最终，刘备通过"三顾茅庐"，以真诚之心、礼敬斯文的恳切态度请得诸葛亮这位奇才出山。

朱子曰
见人嘉言善行，则敬慕而纪录之，思与之齐而后已。
（《与长子受之》）

朱子建社仓撤田济民故事

丁酉壬子春 顾玉洲连稿

患难不可不扶

释文： 要帮助遇到灾祸和有困难的人。

时代价值： 回馈社会；有爱心；志愿服务

画解： 建社仓济困救荒

有一年，闽北连续发生水旱之灾，粮食绝收，灾情严重，饥民流离失所。朝廷派遣的赈灾使只是走过场，根本不能解决问题。为帮助饥民渡过难关，朱子决心通过自己的努力，寻求一种能够以丰补歉、乡民自救的办法。经过多年的实践，朱子创办的社仓在五夫里取得了巨大的成效，创造并总结出后来被广泛推行，闻名于天下的"朱子社仓法"，成为南宋后历代扶危济困、解救饥荒的一项重要制度。

朱子曰

有无欲其相通，凶荒欲其相济。患难欲其相恤，疾病欲其相扶。（《家政》）

守我之分者，礼也；听我之命者，天也。
人能如是，天必相之

释文： 坚守这些做人的本分，这是"礼"的基本准则；

听从命运的安排，遵循自然规律，这是上天赋予我们的使命。

能做到这些，上天也一定会帮助他。

时代价值： 明礼；崇德；修身

画解： 朱子纂修《家礼》图

《家礼》五卷，是朱子早年在建阳寒泉精舍纂修的一部重要礼学著作。其指导思想是以谨名分、崇敬爱为本，将"礼"贯彻到家庭成员的日用常行之中，通过对如何"守我之分者"的具体礼仪礼节的解读，以明修身齐家之道，慎终追远之心，进而起到崇化导民的作用。

朱子曰

礼者，天理之节文，人事之仪则也。（《论语集注·学而》）

凡为家长，必谨守礼法，以御群子弟及家众。分之以职，授之以事，而责其成功。（《家礼》卷一）

朱子家訓圖 歲次丁酉春月顧珊志

此乃日用常行之道，若衣服之于身体，饮食之于口腹，不可一日无也，可不慎哉

释文：这些都是时时用到、处处遵行的道理，
就像我们身体要穿衣服，
嘴巴和肚子要喝水吃饭一样，
一天都不能缺失，能不慎重对待吗？
时代价值：为人处世之道
画解：朱子讲学图

《朱子家训》仅317字，由著名教育家、思想家朱熹所撰，可谓一位大学者撰写的小文章。然而，细读有关朱子的讲学实录，如《朱子语类》《朱文公文集》等，其中不少片断，如以上所引用的"朱子曰"，内容与《家训》所说十分接近。由此可知，这篇《家训》的写作，实际上是朱子取材于他在各地讲学内容的精髓。

朱子曰
圣人之道，见于日用之间，精粗小大，千条万目，未始能同，然其通贯则一。如君之于仁，臣之于忠，父之于慈，子之于孝，朋友之于信，皆不离于此。（《朱子语类》卷二十七）

朱子家训（中、英文对照）
The Family Instructions of Zhu Xi

君之所贵者，仁也。臣之所贵者，忠也。
What rulers should cherish is being humane,
and what officials should cherish is being loyal.

父之所贵者，慈也。子之所贵者，孝也。
What parents should cherish is being kind,
and what children should cherish is being filial.

兄之所贵者，友也。弟之所贵者，恭也。
What elder siblings should cherish is being amicable,
and what younger siblings should cherish is being respectful.

夫之所贵者，和也。妇之所贵者，柔也。
What husbands should cherish is being harmonious,
and what wives should cherish is being tender and gentle.

事师长贵乎礼也，交朋友贵乎信也。
Service to teachers and elders should accord with ritual propriety,
and interactions with friends should value trust.

见老者，敬之；见幼者，爱之。
View the elderly with respect;
view children with love.

有德者，年虽下于我，我必尊之；不肖者，年虽高于我，我必远之。
Honor virtuous people even if they are younger than we are;
keep our distance from worthless characters even if they are older than we are.

慎勿谈人之短，切莫矜己之长。
Be careful not to gossip about others' weaknesses,
and don't be eager to display your own strengths.

仇者以义解之，怨者以直报之，随所遇而安之。

Use what is fair to reconcile with a foe, use what is upright to respond to those with resentments,
and according to what you encounter, pacify them.

人有小过，含容而忍之；人有大过，以理而谕之。

With tolerance, endure those who make small mistakes;
use reason to instruct those who make big mistakes.

勿以善小而不为，勿以恶小而为之。

Do not avoid doing a good deed even if it seems trivial,
and do not commit an evil act even if it seems small.

人有恶，则掩之；人有善，则扬之。

Gloss over people's vices, and propagate their virtues.

处世无私仇，治家无私法。

Regulate social affairs without personal enmity;
manage household affairs without personal favoritism.

勿损人而利己，勿妒贤而嫉能。

Do not benefit oneself at the expense of others,
and do not envy the worthy or become jealous of the capable.

勿称忿而报横逆，勿非礼而害物命。

Do not let anger be an excuse for responding unreasonably and rebelliously;
do not irreverently harm living things.

见不义之财勿取，遇合理之事则从。

Do not acquire wealth that is not accord with what is fair;
when you encounter equitable opportunities, follow principle.

诗书不可不读，礼义不可不知。
The Classics must be studied;
propriety and uprightness must be known personallly.

子孙不可不教，僮仆不可不恤。
Children and grandchildren must be instructed;
workers must be compassionately compensated.

斯文不可不敬，患难不可不扶。
This culture must be respected,
and adversity must be alleviated.

守我之分者，礼也；听我之命者，天也。
It is through propriety that we preserve our share;
it is through the Heavens that we heed our destiny.

人能如是，天必相之。
If people are able to comply with all of these precepts,
the Heavens will surely assist them.

此乃日用常行之道，若衣服之于身体，饮食之于口腹，不可一日无也，可不慎哉！
These daily ethical practices, just like clothes on our bodies and food in our stomachs,
must not be neglected even for a day, so we must be diligent!

田浩　译

朱子家训（中、日文对照）
朱文公家训

君之所贵者，仁也。
訓読：君の貴ぶ所の者は、仁なり。
口語訳：君主にとって大切なのは、人民を大切に思う仁の心です。

臣之所贵者，忠也。
訓読：臣の貴ぶ所の者は、忠なり。
口語訳：家臣にとって大切なのは、主君を守ろうとする忠の心です。

父之所贵者，慈也。
訓読：父の貴ぶ所の者は、慈なり。
口語訳：父親にとって大切なのは、子供に対する慈しみの心です。

子之所贵者，孝也。
訓読：子の貴ぶ所の者は、孝なり。
口語訳：子供にとって大切なのは、親に対する孝の心です。

兄之所贵者，友也。
訓読：兄の貴ぶ所の者は、友なり。
口語訳：年上の兄や姉にとって大切なのは、年下の弟や妹に対する友愛の心です。

弟之所贵者，恭也。
訓読：弟の貴ぶ所の者は、恭なり。
口語訳：年下の弟や妹にとって大切なのは、年上の兄や姉に対する敬う心です。

夫之所贵者，和也。
訓読：夫の貴ぶ所の者は、和なり。
口語訳：夫にとって大切なのは、妻に対する和やかな心です。

妇之所贵者，柔也。
訓読：婦の貴ぶ所の者は、柔なり。
口語訳：妻にとって大切なのは、夫に対する優しい心です。

事师长贵乎礼也，
訓読：師長に事えては、礼を貴び、

口語訳：先生や年上の方には、礼儀正しく接することが大切で、

交朋友貴乎信也。
訓読：朋友に交わりては、信を貴ぶ。
口語訳：友達との交際には、信頼関係が大切です。

見老者，敬之；
訓読：老いたる者を見ては、之れを敬い、
口語訳：お年寄りがいたら、敬意を払い、

見幼者，愛之。
訓読：幼き者を見ては、之れを愛す。
口語訳：幼い子供がいたら、かわいがってあげなくてはいけません。

有徳者，年虽下于我，我必尊之；
訓読：徳ある者は、年我より下ると雖も、我必ず之れを尊ぶ。
口語訳：人格的に優れている人であれば、自分よりも年下であっても、必ず尊敬しましょう。

不肖者，年虽高于我，我必远之。
訓読：不肖なる者は、年我より高しと雖も、我必ず之れを遠ざく。
口語訳：道徳的にだらしないような人であれば、自分よりも年上であっても、決して付き合ってはなりません。

慎勿谈人之短，
訓読：慎みて、人の短を談ずること勿かれ。
口語訳：いつも慎み深く、他人の欠点をあれこれ言ってはなりません。

切莫矜己之长。
訓読：切に、己の長を矜ること莫かれ。
口語訳：いつも謙虚に、自分の長所を得意げに自慢したりしてはいけません。

仇者以义解之，
訓読：仇ある者は、義を以って之れを解き、
口語訳：仇敵に対しては、道義にかなった方法で問題を解決し、

怨者以直报之，
訓読：怨みある者は、直を以って之れを報い、
口語訳：怨んでいる相手に対しては、正しい行動によって対応し、

59

随所遇而安之。
　　訓読：遇う所に随ひて之れに安んず。
　　口語訳：自分が今置かれている境遇に満足しましょう。

人有小过，含容而忍之；
　　訓読：人に小過有れば、含容して之れを忍び、
口語訳：相手の過失が、たいしたことの無い軽いものであれば、そっと許してあげ、

人有大过，以理而谕之。
　　訓読：人に大過有れば、理を以って之れを諭す。
　　口語訳：もし重大な過失であれば、道理を尽くして注意してあげましょう。

勿以善小而不为，
　　訓読：善の小なるを以って為さざること勿かれ。
　　口語訳：ささやかな善でも、積極的に実践しましょう。

勿以恶小而为之。
　　訓読：悪の小なるを以って之れを為すこと勿かれ。
　　口語訳：ささいな悪でも、絶対にやってはいけません。

人有恶，则掩之；
　　訓読：人に悪有れば、則ち之れを掩い、
　　口語訳：人の悪いところは、そっと庇ってあげ、

人有善，则扬之。
　　訓読：人に善有れば、則ち之れを揚ぐ。
　　口語訳：人の良いところは、大いに褒めてあげましょう。

处事无私仇，
　　訓読：事を処するには私仇無く、
口語訳：仕事をする時には、私的関係や私的感情を差し挟んだりしてはいけません。

治家无私法。
　　訓読：家を治むには私法無し。
口語訳：家の決まりごとは、誰もが納得のできるような公平なものでなければなり
ません。

勿损人而利己，
　　訓読：人を損ないて、己を利すること勿かれ。

口語訳：自分の利益のために他人を犠牲にしたりしてはいけません。

勿妒賢而嫉能。
訓読：賢を妒みて、能を嫉むこと勿かれ。
口語訳：聡明な人や有能な人を妬んだりしてはいけません。

勿称忿而报横逆，
訓読：忿りを称えて、横逆に報いること勿かれ。
口語訳：憤激のあまり、横暴非道な相手に仕返しをしたりしてはいけません。

勿非礼而害物命。
訓読：非礼にして、物命を害すること勿かれ。
口語訳：礼儀を踏み外して、生き物の生命を傷つけたりしてはいけません。

見不义之财勿取，
訓読：義ならざるの財を見ては、取ること勿く、
口語訳：道に外れた不当な方法で稼いだ財産に手を出してはいけません。

遇合理之事则从。
訓読：理に合うの事に遇いては、則ち従え。
口語訳：道理にかなった事であれば、従わなければなりません。

诗书不可不读，
訓読：詩書は、読まざるべからず。
口語訳：しっかり古典を読まなければなりません。

礼义不可不知。
訓読：礼義は、知らざるべからず。
口語訳：きちんと礼義をわきまえていなければなりません。

子孙不可不教，
訓読：子孫は、教えざるべからず。
口語訳：子孫に対する教育を怠ってはなりません。

僮仆不可不恤。
訓読：僮僕は、恤れまざるべからず。
口語訳：使用人は労わってあげなければなりません。

斯文不可不敬，
　　訓読：斯文は、敬わざるべからず。
　　口語訳：伝統文化を尊重しなければなりません。

患难不可不扶。
　　訓読：艱難は、扶けざるべからず。
　　口語訳：困っている人がいたら、助けてあげなければなりません。

守我之分者，礼也；
　　訓読：我の分を守る者は、礼なり。
　　口語訳：自分の身の程をわきまえること、それが礼というものです。

听我之命者，天也。
　　訓読：我の命を聴く者は、天なり。
　　口語訳：自分が謹んで耳を傾け、実践する教え、
　　　　それは天が授けてくれた教えに他なりません。

人能如是，天必相之。
　　訓読：人能く是くの如んば、天必ず之れを相けん。
　　口語訳：もし上に述べた教えをきちんと実行するならば、
　　　　天はきっと私たちを守り励ましてくれるでしょう。

此乃日用常行之道，若衣服之于身体，饮食之于口腹，不可一日无也，
　　訓読：此れ乃ち日用常行の道にして、衣服の身体における、
　　飲食の口腹におけるが若く、一日も無かるべからざるなり。
　　口語訳：このような教えは、日常的な当たり前のことであって、
　　　　毎日身につける衣服や毎日食べるご飯のように、
　　　　一日とて欠くことができないものなのです。

可不慎哉！
　　訓読：慎まざるべけんや。
　　口語訳：決していいかげんに考えたりしてはいけませんよ。

　　　　　　　　　　　　　　　　藤井伦明　译
　　　　　　　　　　　　　　　　吾妻重二　审定

朱子家训（中、韩文对照）
주자가훈

君之所贵者，仁也。臣之所贵者，忠也。
군주가 귀하게 여겨야 할 것은 인자함이고,
신하가 귀하게 여겨야 할 것은 충성(최선을 다함)이다.

父之所贵者，慈也。子之所贵者，孝也。
아버지가 귀하게 여겨야 할 것은 자애로움이고,
자식이 귀하게 여겨야 할 것은 효도이다.

兄之所贵者，友也。弟之所贵者，恭也。
형이 귀하게 여겨야 할 것은 우애이고,
아우가 귀하게 여겨야 할 것은 공경이다.

夫之所贵者，和也。妇之所贵者，柔也。
남편이 귀하게 여겨야 할 것은 화목이고,
부인이 귀하게 여겨야 할 것은 부드러움이다.

事师长贵乎礼也，交朋友贵乎信也。
스승이나 위 사람을 섬길 적에는 예를 귀하게 여겨야 하고,
벗을 사귈 적에는 신의를 귀하게 여겨야 한다.

见老者，敬之；见幼者，爱之。
노인을 보면 공경하고, 어린 아이를 보면 사랑하라.

有德者，年虽下于我，我必尊之；不肖者，年虽高于我，我必远之。
덕이 있는 사람이라면 나이가 비록 나보다 어리더라도 반드시 존중을 해야하고,
덕이 없는 사람이라면 나이가 비록 나보다 많더라도 반드시 멀리해야 한다.

慎勿谈人之短，切莫矜己之长。
삼가 다른 사람의 단점을 말하지 말고,
절대로 자기의 장점을 자랑하지 말아라.

仇者以义解之，怨者以直报之，随所遇而安之。
원수에 대해서는 의로 풀고 원한이 있는 사람에 대해서는 곧음으로 갚으며,
자기의 처지를 편안하게 여겨라.

人有小过，含容而忍之；人有大过，以理而谕之。
다른 사람에게 작은 잘못이 있으면 용인하여 참아주며,
다른 사람에게 커다란 허물이 있으면 이치에 따라 깨우쳐 준다.

勿以善小而不为，勿以恶小而为之。
선행은 작은 일이라도 반드시 행해야 하고,
악은 작은 것이라도 행해서는 안된다.

人有恶，则掩之；人有善，则扬之。
다른 사람에게 나쁜 점이 있으면 덮어 주고,
다른 사람에게 좋은 점이 있으면 칭찬해 주어라.

处世无私仇，治家无私法。
일을 처리할 적에 원수를 만들지 말고,
집을 다스릴 적에 사사로운 법을 두지 말아라.

勿损人而利己，勿妒贤而嫉能。
다른 사람에게 손해를 끼쳐 나를 이롭게 하지 말고,
현명한 사람을 시기하거나 능력 있는 사람을 질투하지 말라.

勿称忿而报横逆，勿非礼而害物命。
분하다고 해서(그에 따라) 횡역(橫逆: 도리에 어긋난 짓)을 행하지 말고,
예가 아닌 방법으로 만물의 생명을 해롭게 하지 말라.

见不义之财勿取，遇合理之事则从。
옳지 않은 재물을 보거든 취하지 말고,
합리적인 일을 만나거든 따라라.

诗书不可不读，礼义不可不知。
《시경》과 《서경》은 반드시 읽어야 하고,
예의는 반드시 알아야 한다.

子孙不可不教，僮仆不可不恤。
자손은 반드시 가르쳐야 하고,
아래 사람은 반드시 긍휼하게 여겨야 한다.

斯文不可不敬，患难不可不扶。
사문(斯文: 유학 혹은 유학자)은 반드시 공경해야 하고,
환난이 있으면 반드시 도와 주어야 한다.

守我之分者，礼也；听我之命者，天也。
나의 본분을 지키는 것이 예이고,
나의 명을 듣는 것이 하늘이다.

人能如是，天必相之。
사람이 이와 같이 할 수 있으면 하늘이 반드시 도울 것이다.

此乃日用常行之道，若衣服之于身体，饮食之于口腹，不可一日无也，可不慎哉！
이것이 바로 평상시 항상 실행하여야 할 도리이다.
마치 몸에 있어서 의복과 구복(口腹: 입과 배)에 대해 음식이 하루라도 없을
수 없는 것과 같은 것이니, 삼가지 않아서 되겠는가!

徐大源　译